# Observar
# la naturaleza

 **HOUGHTON MIFFLIN**    BOSTON

# Contenido

# El trabajo de Yoyi

por Harry Tolan
ilustrado por Diane Blasius

Este es Yoyi el oso. Yoyi tiene un trabajo.
A Yoyi le gusta trabajar. Yoyi les cae bien
a los animales. Yoyi los ayuda muchísimo.
Yoyi les lleva regalos.

1

Yoyi recibió esta gran caja de color canela. La caja no lleva nombre, pero Yoyi debe llevarla al animal correcto.

¿Será esta caja para Yeyo, el zorro?
Yoyi fue al tronco. Yoyi tocó el timbre.
¡Din, din! ¡Din, din! ¡Din, din!

Yeyo el zorro estaba en su casa. Yeyo no
tomó la caja que llevaba Yoyi. No era su
caja. Yoyi dejó a Yeyo el zorro. Yoyi siguió
su camino.

¿Será esta caja para Mili, la murciélago?
Yoyi fue a su cueva.  Yoyi tocó el timbre.
¡Din, din!  ¡Din, din!  ¡Din, din!

Mili, la murciélago, estaba en su casa.
Mili no tomó la caja que llevaba Yoyi. No
era para Mili. Yoyi dejó a Mili la murciélago
y siguió su camino.

¿Será esta caja para Sami, la serpiente?
Yoyi fue a su lago. Yoyi tocó el timbre.
¡Din, din! ¡Din, din! ¡Din, din!

Sami, la serpiente, tomó la gran caja de
color canela. Era su regalo.

—¡Gracias, Yoyi! ¡Gracias! —dijo Sami—.
¡Buen trabajo, Yoyi!

# Crías de animales

por Kate Pistone

¿Qué pueden hacer las crías de los animales?

Esta es la cría de una zorra.  Es un
cachorro.  Este cachorro está en su guarida.
Él duerme la siesta en su guarida, pero
despierta rápidamente.  Ya está despierto.

Este pollo está en su nido. Está con su mamá. A la mamá y a su pollo les gusta el nido. La mamá bate sus alas, pero su pollo no puede todavía, es muy chico.

Esta es una cría de zorrillo. Esta cría
de zorrillo está encima de este leño grande.
Esta cría de zorrillo puede saltar encima de
este leño.

Esta es una cría de chivo.  Este chivito
está con su mamá.  La mamá y su chivito
están en la orilla del lago.  Yo los veo beber
agua del lago.

Esta es una cría de oso. Es un cachorro
de oso. El cachorro está en el estanque
grande. Este oso puede agarrar peces. Tiene
que trabajar para agarrar peces, pero este
oso tiene que comer.

Esta cría está en la arena. Es un cachorro. La mamá y su cachorro pueden nadar. Después pueden descansar en la arena. Este cachorro llega a ser del tamaño de su mamá.

Esta cría se siente suave.  Es un conejito.
Puede comer plantas.  ¡Puede saltar, saltar y
saltar!  Puede correr también.

# Gabi y Gabo

por Sara Nicholas
ilustrado por Rick Powell

Gabi y Gabo se encontraron con sus
amigos patos en el césped.

—Párense y sonrían —dijo Gabi.

Con un "clic" de la cámara, Gabi tomó
cinco fotos.

—Prefiero hacer dibujos a tomar fotos
—dijo Gabo—. Pero ahora mismo quiero
jugar con la pelota.

Gabo se preparó para patear. El césped
estaba mojado y resbaloso. Gabo cayó de
espaldas.

—No se preocupen —dijo Gabo mientras
se levantaba—. Estoy bien.

Rafi fue el próximo en patear. Rafi se preparó para patear. Rafi es rápido, pero no pudo patear la pelota. Rafi se sentó y Gabi vino a patear.

¿Podrá Gabi patear?

Gabi tenía unas patas muy fuertes.  Gabi se preparó para patear.  Con una patada rápida, la pelota subió, subió y subió en el aire.  Gabi corrió y corrió.

Gabo trató de bloquear la rápida pelota,
pero subió, subió y subió hasta pasarlo.
Gabo corrió y corrió. ¿Podrá Gabo agarrar
la pelota?

Gabi miró el reloj.  Tic, tac.  ¿Dónde está
Gabo?  Tic, tac.  ¿Se cayó Gabo?  Tic, tac.
¿Se perdió Gabo?

Gabi guió a los patos hasta llegar a Gabo.

—No se preocupen —dijo Gabo—. Soy un pato. Me estoy dando un bonito chapuzón.

Gabi y los patos se tiran al agua y
nadan.

—¿Todavía queda tiempo para jugar?
—preguntó Gabo.

—Sí.  Todavía queda tiempo —dijo Gabi.

Gabi y los patos regresan a jugar.

# Los panecillos de Conejito

por Cynthia Rothman
ilustrado por Tim Egan

En su clase de tenis, Conejito le da a la
pelota de goma.  La pelota sube, sube y sube.
Conejito no quiere llegar tarde a su casa.
Así que se pone la gorra y se va.

Conejito tiene que hacer panecillos.
Conejito va a mezclar la leche, los huevos
y la masa para panecillos. Conejito va a
llenar los moldes para panecillos y los va a
poner en el horno.

Conejito va a llevar los panecillos a
Vaquita y a Cerdito en su bici.  Conejito no
se detiene en la casa de Frailecillo.  Conejito
no tiene un bonito panecillo para Frailecillo.

Frailecillo se monta en su bici. Va en su
bici a ver a Conejito.

—Tú le diste panecillos a Vaquita y a
Cerdito. ¿Por qué ellos recibieron panecillos
y yo no? —dice Frailecillo.

—No pensé que a los frailecillos les
gustaran los panecillos —dice Conejito—.
Los frailecillos se tiran al agua y nadan
para buscar su propia comida.

—Sí —dice Frailecillo—, lo hacemos, pero
a los frailecillos les gustan los panecillos
también.

—Disculpa —dice Conejito—. La
próxima vez recibirás panecillos.

—Gracias —dice Frailecillo, y regresa a
su casa en su bici.

Conejito tiene dibujos bonitos. Conejito
hace panecillos con las mismas formas de los
dibujos.

Conejito hace pilas de panecillos para
una gran gala. A Frailecillo y a sus amigos
frailecillos les gustan los panecillos que hace
Conejito. Frailecillo goza de su panecillo.
Conejito va a hornear más panecillos para
los amigos, lo más rápido posible.

Aún hoy en día, Frailecillo y sus amigos frailecillos hacen fila para comprar los panecillos de Conejito. El aroma de los panecillos llena el aire. Los panecillos de Conejito tienen un gran, gran éxito.

# ¡Plif! ¡Plaf! Ballenas

### por Sara Spring

¡Plif! ¡Plaf! ¡Plif!

Las ballenas viven en el agua como los peces. Las ballenas nadan como los peces, pero las ballenas no son peces.

Los peces absorben aire mientras nadan. Las ballenas no pueden. Las ballenas tienen que nadar hasta la superficie para respirar aire.

¡Plif! ¡Plaf! ¡Plif!

Las ballenas azules son gigantescas. De hecho, ningún otro animal de la tierra ni del agua es tan grande como estas ballenas.

Estas ballenas tienen aletas fuertes. Las aletas ayudan a las ballenas a nadar rápidamente.

¡Plif! ¡Plaf! ¡Plif!

Las ballenas blancas no son tan grandes como la mayoría de las ballenas. La piel de estas ballenas es tan blanca como la leche.

Pocas especies de ballenas nadan en aguas frías. Las ballenas blancas nadan en las aguas muy frías. Las ballenas blancas se sumergen y cazan.

¡Plif! ¡Plaf! ¡Plif!

Los delfines son ballenas, no peces. Este delfín nada hasta la superficie para respirar aire. El aire entra y sale por el hueco en la parte superior de su cabeza.

Los delfines tienen aletas fuertes. Las aletas ayudan a los delfines a nadar.

¡Plif! ¡Plaf! ¡Plif!

Los delfines nadan juntos en manadas.
En las manadas de delfines puede haber
unos cuantos delfines o muchos delfines.
Los delfines chillan y hacen sonidos que los
ayudan a trazar caminos seguros en el agua.

¡Plif!  ¡Plaf!  ¡Plif!

Los delfines juegan con otros delfines.
Los delfines se persiguen.  Los delfines
saltan, se sumergen y juegan.

¡Plif! ¡Plaf! ¡Plif!

Los delfines se deslizan y nadan en las olas. Los delfines saltan hacia arriba y se sumergen. Los delfines son fuertes y pueden saltar alto.

¡Plif! ¡Plaf! ¡Plif!

La gente piensa que los delfines son inteligentes.  Los delfines oyen y ven bien.

Ximena está en el barco.  Ximena le echa un ojo a estos delfines.  Ella los observará y les tomará fotos.

¡Sonrían, delfines!  ¡Sonrían para Ximena!

# Subir, subir, subir

por Emily Banks
ilustrado por Teri Sloat

Javi vive en México. Javi hace una cometa con papel blanco y palitos. Javi le pone un hilo largo de color rojo. A Javi le gusta su cometa blanca con su hilo rojo.

"¡Hay pocas cometas tan bonitas como esta!", piensa Javi.

Javi corrió a mirar afuera. Llovía, llovía
y llovía. Javi quería volar su cometa, pero
no podía.

Mientras comía su cereal de nueces, de
vez en cuando, miraba de reojo su cometa.

Javi se levantó. Vio que ya no estaba lloviendo y que las hojas se movían con la brisa. Javi salió corriendo y sintió la brisa en su espalda.

—¡Es hora de volar esta cometa! —gritó Javi—. ¡Es hora! ¡Es hora!

Javi corrió rápido, soplando y resoplando con su cometa hasta que el viento la elevó.

Su cometa volaba cuando de repente sopló un viento fuerte. Su cometa bajó rápidamente y aterrizó en una rama.

Gema la pajarita jaló la cometa varias
veces hasta soltarla y se la devolvió a Javi.

—Vuela esta cometa en un campo
—sugirió Gema—. Ese es el mejor lugar.

—¡Gracias! —gritó Javi y siguió su
camino.

Javi corrió rápido, soplando y resoplando
con su cometa hasta que el viento la elevó.
Su cometa volaba cuando de repente sopló
un viento fuerte. Su cometa bajó rápidamente.
A Javi se le escapó el hilo de la cometa. El
hilo de la cometa aterrizó en un estanque.
Rani, la rana, estaba saltando allí.

Rani nadó hasta el hilo, chapoteando
agua por dondequiera. Rani se lo dio a Javi.

—Agarra bien el hilo y no lo dejes caer
—sugirió Rani—. Agárralo bien.

—Gracias —dijo Javi, agarrando bien su
hilo—. Es una buena sugerencia.

Javi corrió rápido, soplando y resoplando con su cometa. El viento elevó su cometa y esta subió, subió y subió.

"La gente pensará que soy bueno para volar cometas", pensó Javi. "¡Y lo soy!"

# Puede que sí, puede que no

por Vincent Paulsen
ilustrado por Meryl Treatner

—¿Ya es hora? —preguntó Melvin—.
¿Podemos salir pronto? ¿Podemos?
Melvin continuó preguntándole hasta que
su mamá le pidió que dejara de preguntar.

—Tenemos que esperar un poco más, Melvin. Papá está trabajando todavía. Él tiene que terminar su trabajo. No podemos salir hasta que Papá haya terminado —dijo Mamá.

—Entonces, ¿podríamos inventarnos un juego? —preguntó Melvin—. Inventemos un juego de letras.

Mamá y Melvin inventaron el juego
"A deletrear". Melvin es un campeón
de deletreo. A él le gustan los juegos
de deletreo. Mamá es muy buena para
deletrear también. Durante el juego de hoy,
Melvin deletreó las palabras "zapatero" y
"zapatilla". Luego, por fin llegó Papá.

—¡Podemos salir! —gritó Melvin.

Melvin recogió su bolsa. Papá recogió el
resto. Mamá buscó las aletas y otras cosas.
Mamá fue la última en salir y cerró la
puerta con llave.

Melvin comenzó a pensar y a pensar
sobre este viaje. ¿Cómo será?

Melvin seguía pensando mientras
abordaba el avión. ¿Nadaría con delfines?
¿Lo dejarían nadar los delfines con su
manada? ¿Tendría miedo al nadar con ellos?
¿Saltaría un gran delfín con Melvin sobre su
lomo? Puede que sí. Puede que no.

Melvin seguía pensando mientras volaba
en el avión. ¿Vería frailecillos? Podía
zambullirse con ellos y ver peces rojos y
amarillos. Nadaría muy profundo, como un
frailecillo.

A lo mejor nadaría con ellos.
Descansaría en su balsa y las olas lo
mecerían.  Con cada ola subiría y luego
bajaría para estar de nuevo con los
frailecillos.

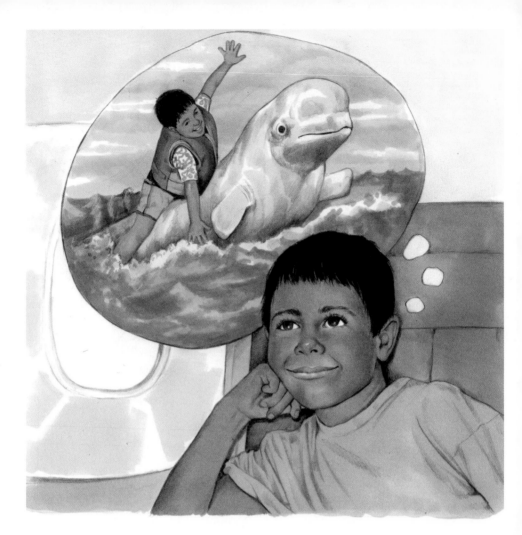

Melvin seguía pensando mientras el
avión aterrizaba. A lo mejor, si una bonita
ballena blanca nadara al lado de Melvin,
esta lo llevaría de paseo. ¡Puede que sí!
Puede que no.

¿Qué crees que hará Melvin?

# ¡A correr!

por Cynthia Rothman
ilustrado por Tim Bowers

Estaba amaneciendo cuando Serpiente,
Pato, Oso y Rana se despertaron.
    ¡Din! ¡Din! ¡Din!
    ¡Din! ¡Din! ¡Din!
    ¿Quién seguía tocando esa campana?

Era Zorro, quien andaba por la zona.
Saludó y le pidió a Serpiente, Pato, Oso y
Rana que se sentaran.

Zorro tenía una nota grande. Decía:
"Participen en la gran carrera".

—¿Qué tipo de carrera será? —preguntó
Serpiente.

—Debemos tener un tipo de carrera que
le guste a la mayoría —dijo Zorro.

—Entonces debemos votar —dijo Oso.

Serpiente esperaba que fuera una carrera
para deslizarse sobre la tierra.  Serpiente
sabía deslizarse muy bien sobre la tierra.

Pato esperaba que fuera una carrera
para deslizarse sobre el agua.  Pato sabía
deslizarse muy bien sobre el agua.

Oso esperaba que fuera una carrera para
dar caminatas.  Oso sabía dar caminatas.

Rana esperaba que fuera una carrera
para saltar.  Rana sabía saltar muy bien.

Zorro nombró cada tipo de carrera
y Serpiente, Pato, Oso y Rana votaron.
Serpiente votó a favor de deslizarse sobre la
tierra. Pato votó a favor de deslizarse sobre
el agua. Oso votó a favor de dar caminatas.
Rana votó a favor de saltar. Cada tipo de
carrera recibió un voto.

La votación no los ayudó mucho.

—¿Podríamos tener una carrera para patinar? —preguntó Zorro—. Ninguno de nosotros patina muy bien.

—Sí. Cada uno tendría la misma posibilidad de ganar ese tipo de carrera —agregó Serpiente.

Zorro fue el primero en patinar, pero se cayó de espaldas. Después, Zorro se levantó y siguió patinando.

Oso se deslizó y se cayó, se deslizó y se cayó. Después, Oso comenzó a patinar con elegancia. Serpiente patinó en zigzag y trazó una "S".

Rana se levantó y siguió patinando.
Rana dio vueltas y vueltas sobre el hielo.
Pato tenía miedo, pero pronto estaba
patinando rápidamente.  Zorro, Serpiente,
Oso, Pato y Rana patinaban y sonreían.
Patinar era divertido.

—¡Esta es la mejor carrera! —gritó Rana.

—Sí —dijo Oso—. La próxima vez
podemos tener una carrera para hornear.
Ninguno de nosotros sabe hornear bien.

—¡Eso sería divertido! —agregó Zorro—.
Podemos hornear y merendar.

# Vamos a divertirnos

por Kate Pistone
ilustrado por Diana Schoenbrun

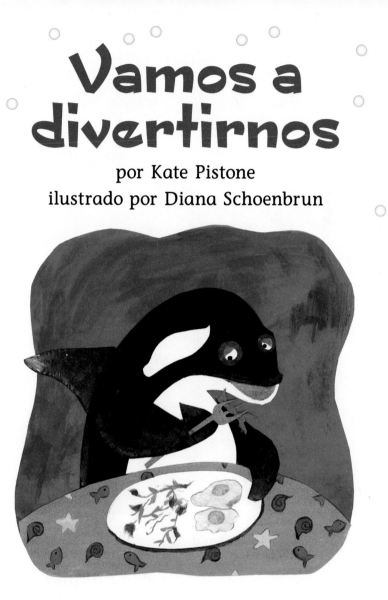

Robi Ballena despertó en su enorme
hogar. Un rayo de sol bailaba sobre su cara
y él rodó de su cama. Nadó hasta su mesa y
se comió unas algas y dos ricos huevos.

—Quisiera nadar y chapotear en el
agua. Voy a buscar a Carlos Calamar para
divertirnos un rato —dijo Robi Ballena. Robi
fue a visitar a Carlos Calamar. Robi rozó
uno de los tentáculos de Carlos y se sonrió
con él.

—Vamos a nadar —dijo Robi Ballena.

—Lamento que no pueda ir —dijo
Carlos Calamar—. ¿Ves mi trompeta? Hoy
no puedo saltar ni nadar ni chapotear.
Invítame la próxima vez.

Después, Robi bajó a la arena a visitar a
Alma Almeja. Robi tocó el caracol de Alma
y se sonrió con ella. ¿Puede Alma nadar y
chapotear?

—Vamos a deslizarnos en las olas —dijo
Robi Ballena.

—Realmente me gustaría —dijo Alma
Almeja—, pero estoy preparando una torta.
Invítame la próxima vez.

Después, Robi fue a la ensenada porque
quería visitar a Pancho Pez.  Robi le dio una
palmadita a la aleta de Pancho y se sonrió
con él.

—Vamos a rodar y chapotear en el agua
—le dijo Robi Ballena a Pancho Pez.

—¡Está bien! —dijo Pancho—. ¡Iré
contigo! ¡Será divertido!

Así que Robi y Pancho nadaron de aquí
para allá y de allá para acá. Pasaron todo
el día sonriendo y bromeando.

Entonces, Carlos Calamar y Alma Almeja
vinieron a jugar también. Robi y Pancho y
Carlos y Alma nadaron por un rato, y luego
Alma les sirvió la torta.

—Gracias por tu rica torta —le dijo Robi
a Alma—. ¡Esto realmente es pasarla bien!

# Voy a ganar

por Kiyoshi Fukuhara
ilustrado por Bob Monohan

¡Era el día de la carrera! Los animales
llegaron de todas partes para ver la gran
competencia.

—¡Voy a ganar! ¡Estoy corriendo rápido!
—dijo Cuco, el cocodrilo.

Primero, tuvieron que correr en la arena.
Rayita, Cuco y Abi formaron una línea.
Rani la rana gritó: "¡Fuera!" y ellos salieron
corriendo.

La arena estaba caliente, pero a ellos no
les importaba la arena caliente.

Cuco, Rayita y Abi siguieron corriendo.
Abi pasó a Cuco.

—¡Abi es rápida! ¡Realmente es rápida!
¡Me estoy quedando atrás! Tengo que
deslizarme, deslizarme y deslizarme hasta la
meta —dijo Cuco.

Luego tuvieron que nadar en el estanque.
Rayita, Cuco y Abi se tiraron al agua. Hacía
mucho frío en el estanque, pero a ellos no les
importaba el estanque frío.

Cuco, Rayita y Abi siguieron nadando.
Rayita pasó a Cuco.

—¡Él es rápido! ¡Me estoy quedando
atrás! Tengo que chapotear hasta la meta
—dijo Cuco.

Luego tuvieron que correr en bicicleta por
un camino. Rayita, Cuco y Abi le dieron a
los pedales con todas sus fuerzas.

Era un camino largo, pero a ellos no les
importaba que el camino fuera largo.

—Tu bicicleta es rápida, Abi, y la tuya
también, Rayita. ¡Pero no puedo rendirme!
—dijo Cuco. Entonces, como una centella,
Cuco pasó a Abi y a Rayita.

¡Cuco rompió la cinta y ganó! Abi llegó
después. Y después llegó Rayita.

Cuco levantó el premio.

—¡Gracias, Abi y Rayita! Ustedes me
ayudaron a ganar porque me animaron a
ser más rápido —dijo Cuco.

# Listas de palabras

Para usar con
*Animales que
construyen casas*

**SEMANA 1**

## El trabajo de Yoyi
página 1

**Palabras decodificables**
Destreza clave: *Sílabas abiertas con ll, y*
lleva, llevarla, Yeyo, Yoyi

**Palabras con destrezas enseñadas anteriormente**
ayuda, caja, camino, canela, casa, color, correcto, cueva, debe, dejó, dijo, esta, estaba, este, Mili, muchísimo, para, pero, Sami, será, serpiente, tocó, tomó, tronco, zorro

**Palabras de uso frecuente**
Nuevas
animales, oso, trabajar

Enseñadas anteriormente
a, al, bien, de, el, es, esta, no, para, tiene, trabajo, un

## Crías de animales
página 9

**Palabras decodificables**
Destreza clave: *Sílabas abiertas con ll, y*
llega, orilla, pollo, ya, yo, zorrillo

**Palabras con destrezas enseñadas anteriormente**
arena, bate, beber, cachorro, chico, chivito, chivo, comer, conejito, despierta, despierto, duerme, grande, guarida, gusta, leño, mamá, nadar, nido, puede, rápidamente, siesta, su, suave, tamaño, tiene

**Palabras de uso frecuente**
Nuevas
animales, oso, trabajar

Enseñadas anteriormente
a, con, de, del, el, encima, es, esta, está, este, hacer, las, los, para, pero, qué, todavía, un, una, veo, y, yo

# Gabi y Gabo

página 17

## Palabras decodificables

Destreza clave: *Sílabas abiertas con* g
*suave*
agarrar, agua, Gabi, Gabo, guió

Palabras con destrezas enseñadas
anteriormente
amigos, atrapado, cámara, cayó,
césped, chapuzón, cinco, corrió, estaba,
fotos, hasta, levantaba, llegar, mismo,
mojada, nadan, para, patada, patear,
pato, patos, pelota, perdió, próximo,
pudo, queda, rápido, resbalosa, se,
sentó, subió, tiempo, tomó, trató, vino

## Palabras de uso frecuente

Nuevas
aire, bonito, dibujos

Enseñadas anteriormente
a, bien, con, de, dijo, el, en,
es, estoy, hacer, jugar, la, no,
para, soy, todavía, un, una, y

# Los panecillos de Conejito

página 25

## Palabras decodificables

Destreza clave: *Sílabas abiertas con* g
*suave*
agua, gala, goma, gorra, goza

Palabras con destrezas enseñadas
anteriormente
amigos, aroma, bici, buscar, Cerdito,
clase, comida, Conejito, da, detiene,
dice, diste, éxito, fila, Frailecillo, horno,
leche, llegar, llena, llenar, masa, monta,
nadan, panecillos, para, pelota, pensé,
pilas, poner, posible, próxima, rápido,
regresa, sube, tarde, tenis, tiene, tiran,
usa, va, Vaquita

## Palabras de uso frecuente

Nuevas
aire, bonito, dibujos

Enseñadas anteriormente
a, al, casa, de, día, el, en,
hace, hoy, la, le, los, no,
para, pero, tú, una, ver, y, yo

**SEMANA 3**

# ¡Plif! ¡Plaf! Ballenas

página 33

## Palabras decodificables

**Destreza clave:** *Sílabas abiertas con /j/g, /j/j, /j/x*

gigantescas, juegan, juntos, sumergen, Ximena

### Palabras con destrezas enseñadas anteriormente

agua, animal, arriba, ballenas, barco, blanca, cabeza, caminos, cazan, chillan, como, delfines, echa, grande, hasta, hecho, hueco, leche, manadas, mayoría, nadan, ni, peces, piensa, rápidamente, respirar, sale, sonidos, superior, tomará, viven

## Palabras de uso frecuente

### Nuevas

gente, ojo, pocas

### Enseñadas anteriormente

a, aire, bien, con, de, el, ella, en, está, este, la, las, los, muy, no, para, pero, por, puede, son, y

# Subir, subir, subir

página 41

## Palabras decodificables

Destreza clave: *Sílabas abiertas con /j/g,
/j/j, /j/x*

bajó, Gema, jaló, Javi, México, pajarita,
reojo, sugerencia, sugirió

### Palabras con destrezas enseñadas anteriormente

blanco, bonitas, brisa, buena, bueno,
camino, campo, chapoteando, color,
cometa, cometas, comía, corrió, elevó,
espalda, estaba, fuerte, gritó, hasta,
levantó, llovía, lloviendo, mirar, nadó,
palitos, papel, pensó, piensa, pone,
rama, rana, Rani, rápidamente, rápido,
repente, resoplando, salió, saltando,
soplando, su, vive, volaba, volar

## Palabras de uso frecuente

Nuevas

gente, ojo, pocas

Enseñadas anteriormente

bien, con, de, en, es, esta,
hace, hay, la, le, no, para,
pero, por, soy, un, una, y

Para usar con
*Cómo la ardilla*
*obtuvo sus rayas*

**SEMANA 4**

# Puede que sí, puede que no

página 49

## Palabras decodificables
Destreza clave: *Sílabas abiertas con z*
aterrizaba, zapatero, zapatilla

Palabras con destrezas enseñadas
anteriormente
abordaba, aletas, ballena, balsa, blanca,
bolsa, buena, buscó, cada, cerró,
comenzó, cosas, dejara, deletrear,
durante, frailecillos, gritó, hasta, haya,
hora, juego, lado, letras, llave, llegó,
llevaría, lomo, mamá, nuevo, papá,
paseo, pidió, poco, podemos, preguntó,
profundo, pronto, puerta, recogió,
resto, salir, sobre, subiría, tenemos,
terminado, trabajando, última, viaje,
volaba, ya

## Palabras de uso frecuente
Nuevas
miedo, seguía, tendría

Enseñadas anteriormente
a, al, cómo, con, de, dijo, él,
ellos, es, está, este, hoy, las,
le, los, más, muy, no, para,
por, puede, qué, todavía,
un, y

Para usar con
*Cómo la ardilla
obtuvo sus rayas*

**SEMANA 4**

# ¡A correr!

página 57

## Palabras decodificables

Destreza clave: *Sílabas abiertas con z, c, s*
comenzó, decía, deslizó, esa, eso, esperaba, nosotros, Oso, participen, posibilidad, recibío, sabe, sabía, saludó, seguía, será, sí, siguió, sobre, trazó, zona, Zorro

### Palabras con destrezas enseñadas anteriormente

agregó, agua, amaneciendo, andaba, ayudó, cada, caminatas, campana, carrera, cayó, debemos, despertaron, dio, divertido, favor, grande, gritó, levantó, misma, mucho, ninguno, nota, patinar, Pato, pidió, preguntó, primero, pronto, próxima, Rana, rápidamente, Serpiente, tipo, tocando, votación, votar, votaron, voto, votó

## Palabras de uso frecuente

### Nuevas
miedo, seguía, tendría

### Enseñadas anteriormente
a, bien, cuando, de, dijo, el, en, era, es, esta, la, le, los, muy, no, nosotros, Oso, para, por, qué, un, una, y

# Vamos a divertirnos

página 65

## Palabras decodificables

Destreza clave: *Sílabas abiertas con r inicial*

rato, rayo, rica, ricos, Robi, rodar, rodó, rozó

## Palabras con destrezas enseñadas anteriormente

agua, Alma, Almeja, arena, bajó, Ballena, bromeando, buscar, cama, cara, caracol, chapotear, comió, contigo, despertó, divertido, enorme, ensenada, esto, hasta, invítame, lamento, mi, nadó, ni, palmadita, Pancho, pasarla, pasaron, preparando, próxima, pueda, puedo, sirvió, sobre, sonriendo, tentáculos, tocó, todo, torta, trompeta, visitar

## Palabras de uso frecuente

Nuevas

porque, realmente, tu

Enseñadas anteriormente

a, aquí, bien, con, de, día, dijo, el, él, ella, en, es, está, estoy, fue, hoy, jugar, la, las, los, mesa, no, para, pero, por, también, un, una, uno, voy, y

# Voy a ganar

## Palabras decodificables

Destreza clave: *Sílabas abiertas con r inicial*

rana, Rani, rápida rápido, Rayita, rendirme, rompió

### Palabras con destrezas enseñadas anteriormente

Abi, agua, animaron, arena, ayudaron, bicicleta, caliente, camino, carrera, centella, cinta, cocodrilo, como, competencia, correr, corriendo, Cuco, estaba, ganar, ganó, gritó, hasta, importaba, largo, levantó, llegaron, llegó, meta, mucho, nadando, pasó, pedales, premio, quedando, salieron, siguieron, todas, tuvieron, tuya

## Palabras de uso frecuente

### Nuevas

porque, realmente, tu

### Enseñadas anteriormente

a, al, animales, de, día, dijo, el, él, ellos, en, era, es, estoy, frío, la, le, los, más, no, para, pero, por, ser, también, tengo, un, ver, voy, y